PIANO / VOCAL / GUITAR

DAUGHTRY LEAVE THIS TOWN

ISBN 978-1-4234-8631-2

HAL•LEONARD®
CORPORATION

7777 W. BLUEMOUND RD. P.O. BOX 13819 MILWAUKEE, WI 53213

Visit Hal Leonard Online at
www.halleonard.com

YOU DON'T BELONG

Words and Music by
CHRIS DAUGHTRY

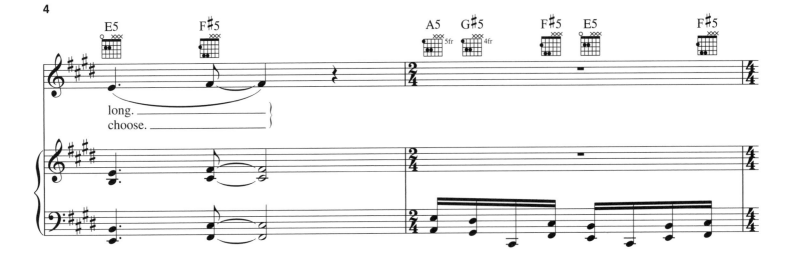

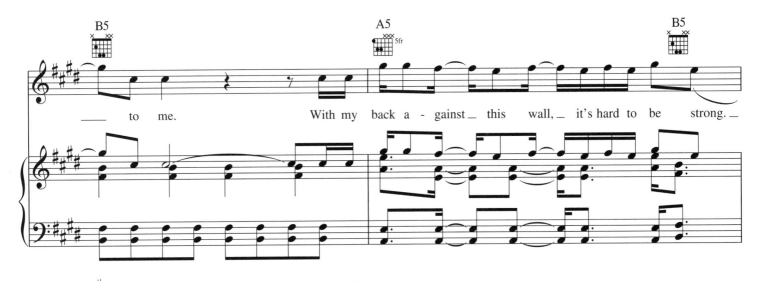

on ___ my ___ own. ___ So there's no ___ good ___ rea - son ___

___ why ___ to live such a lie. ___ Tell me, have I ___

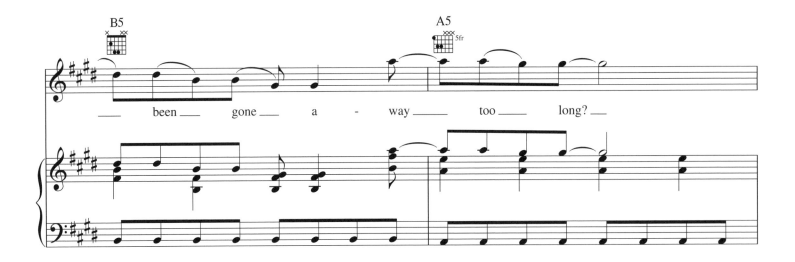

___ been ___ gone ___ a - way ___ too ___ long? ___

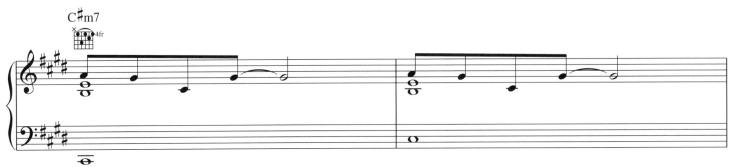

D.S. al Coda

CODA

tell my - self __ that to - mor - row you'll be long gone. ____ You don't be - long __

____ to me. I think you lied ____ to me. But with my

back a - gainst __ this wall, __ it's hard to be strong. _____ You tell me an -

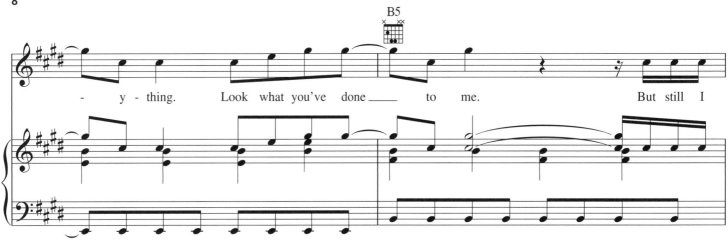

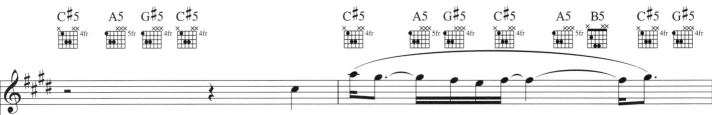

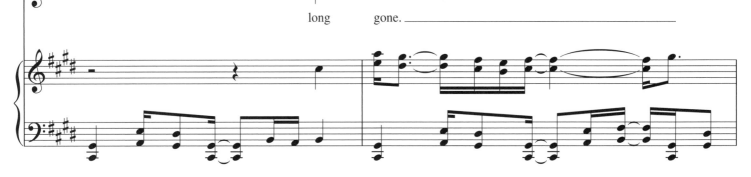

NO SURPRISE

Words and Music by CHRIS DAUGHTRY,
RUNE WESTBERG, CHAD KROEGER
and ERIC DILL

Moderate Rock

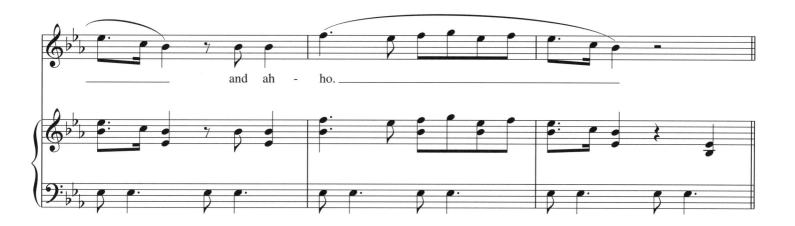

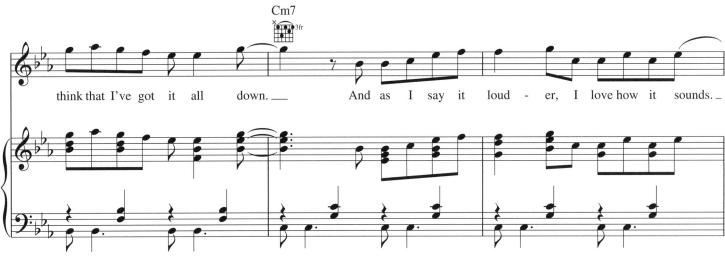

think that I've got it all down. ___ And as I say it loud- er, I love how it sounds. ___

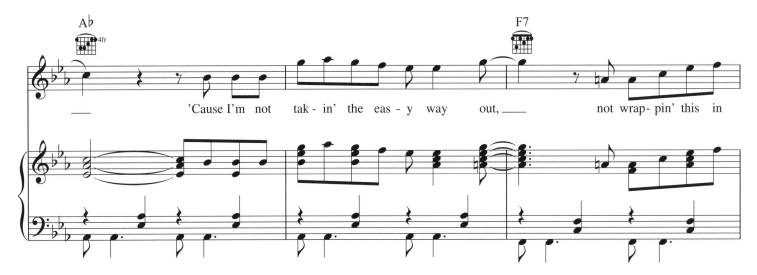

___ 'Cause I'm not tak- in' the eas- y way out, ___ not wrap- pin' this in

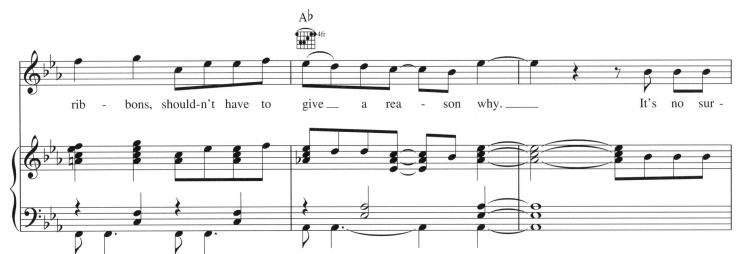

rib - bons, should- n't have to give ___ a rea - son why. _____ It's no sur -

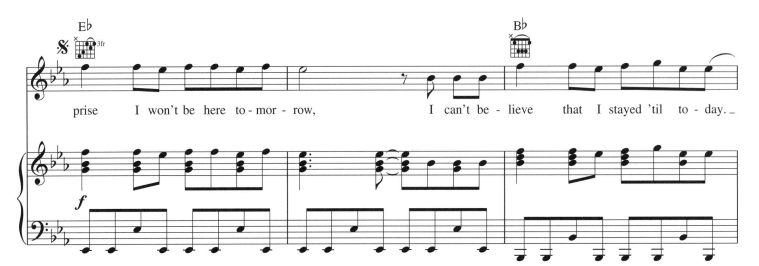

prise I won't be here to- mor- row, I can't be- lieve that I stayed 'til to- day. ___

Held on to it for - ev - er just push - in' it down, ____ felt so

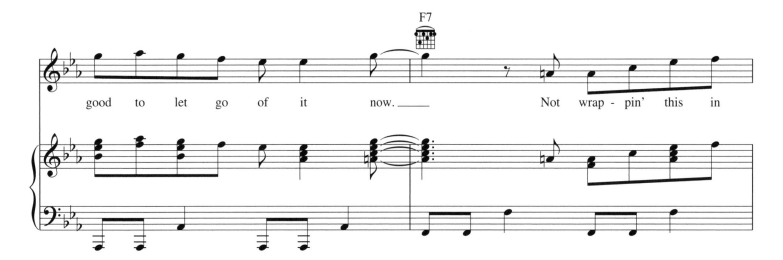

good to let go of it now. _____ Not wrap - in' this in

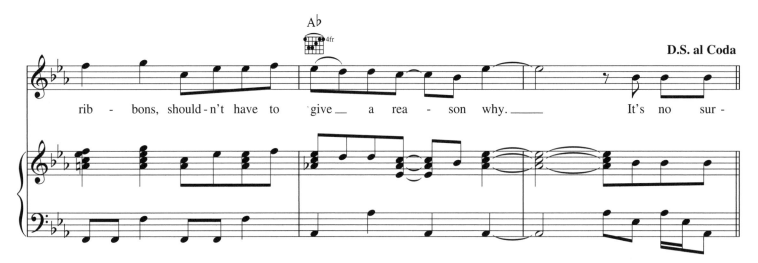

D.S. al Coda

rib - bons, should - n't have to give ___ a rea - son why. _____ It's no sur-

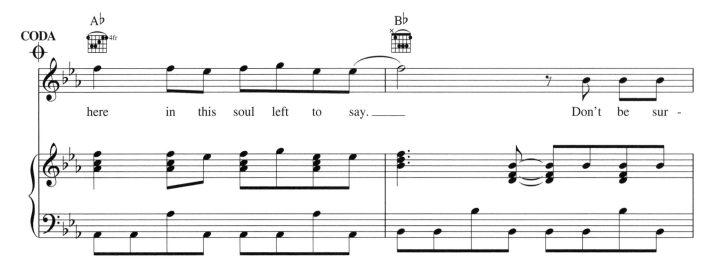

CODA

here in this soul left to say. _____ Don't be sur-

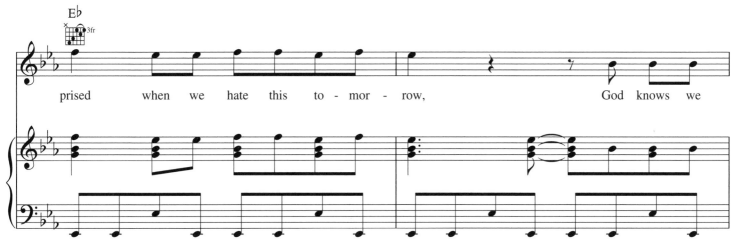

prised when we hate this to - mor - row, God knows we

tried to find an eas - i - er way. _____ Yeah, you and

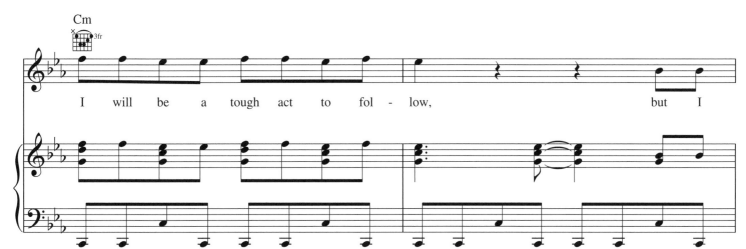

I will be a tough act to fol - low, but I

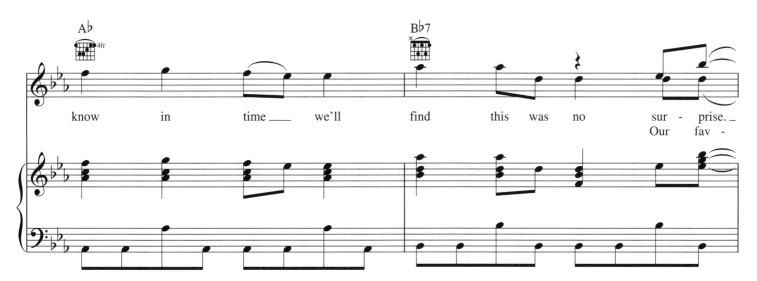

know in time _____ we'll find this was no sur - prise. _____ Our fav -

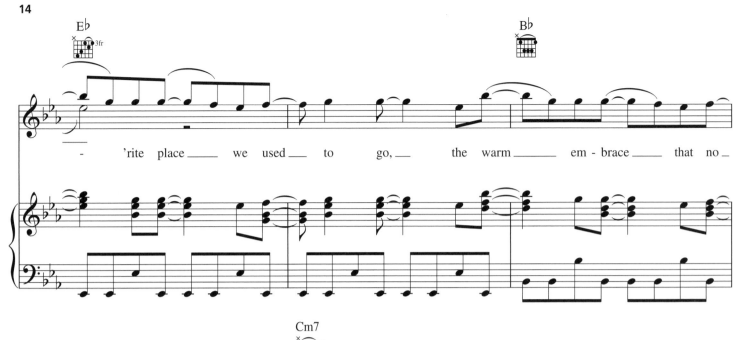

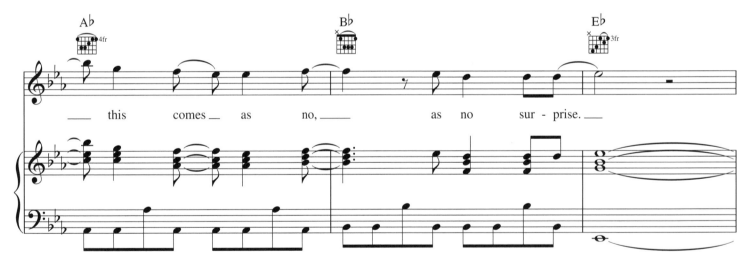

I bet it's bet-ter than where we are now.___ But af-ter go-in'

through this, it's eas-i-er to see___ the rea-son why._____ It's no sur-

prise I won't be here to-mor-row, I can't be-lieve that I stayed 'til to-day.__

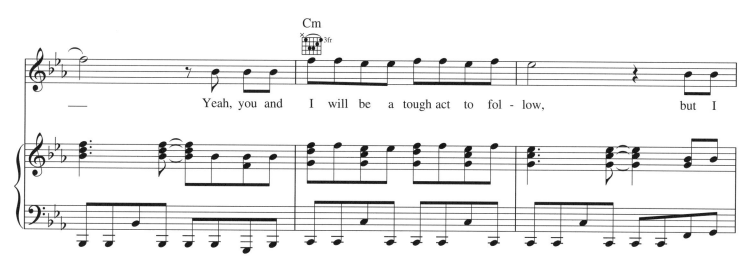

Yeah, you and I will be a tough act to fol-low, but I

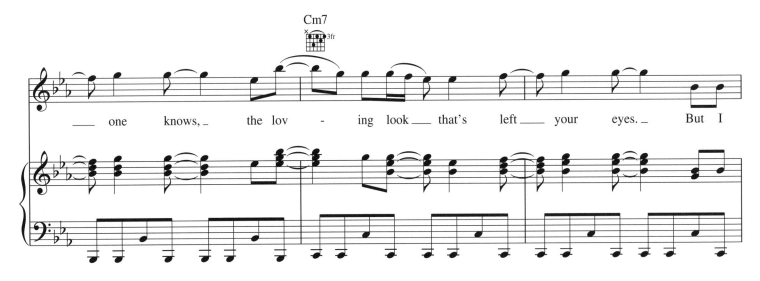

EVERY TIME YOU TURN AROUND

Words and Music by CHRIS DAUGHTRY
and ANDY WALDECK

Moderate Rock

(Woo, ___ hoo.) ___

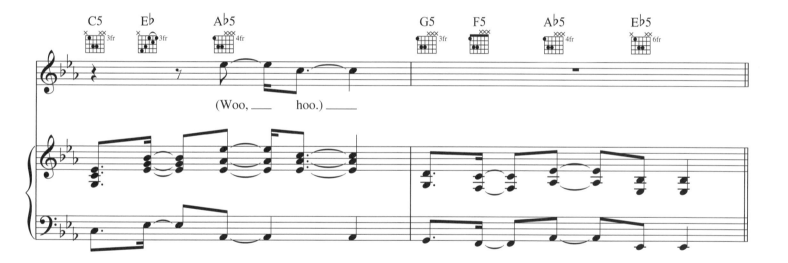

(Woo, ___ hoo.) ___

I've been me. ___ I've been fol - low-ing ___ my dreams, ___ try'n' ___
I've been good. ___ I've been do - in' what ___ I should. ___ Work-in' hard ___

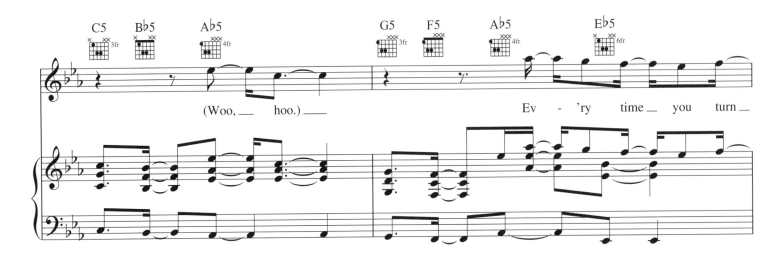

But I ____ won't let you down ____ ev - 'ry time _ you turn _

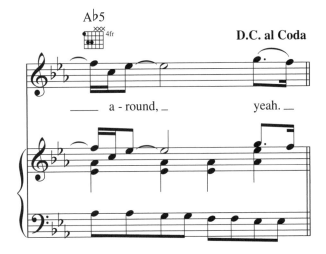

___ a - round, _ yeah. _

D.C. al Coda **CODA**

\- en. ____ I know you're stand - ing there

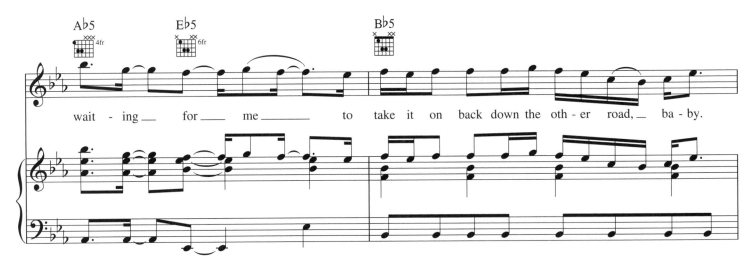

wait - ing _ for _ me ___ to take it on back down the oth - er road, _ ba - by.

But I ____ won't let you down. ____ I know you're stand - ing there

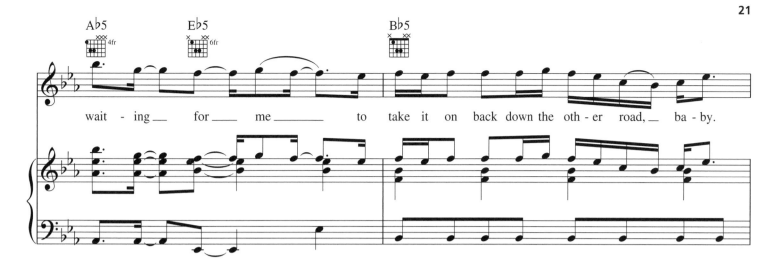

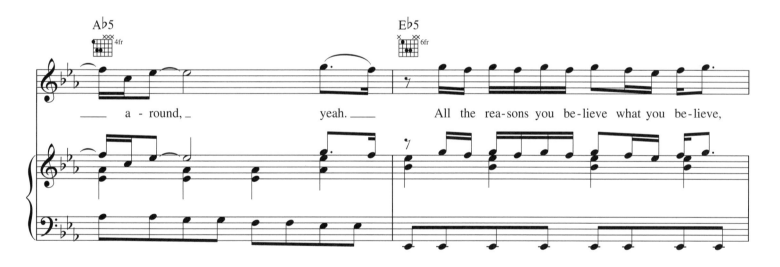

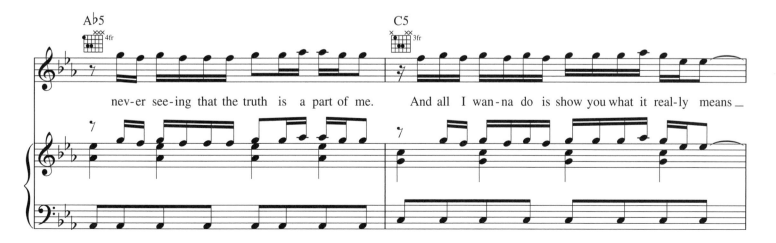

But I ___ won't let you down ___ ev-'ry time ___ you turn ___ a-round, ___ oh.

___ (Woo, ___ hoo.) ___ Ev - 'ry time ___ you turn ___

___ a - round. ___ (Woo, ___ hoo.) ___ Ev - 'ry time ___ you turn ___

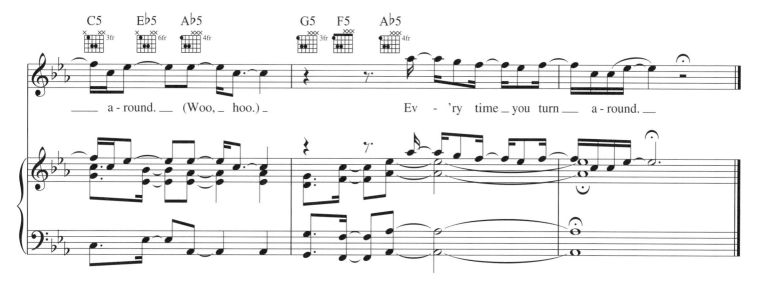

___ a - round. ___ (Woo, ___ hoo.) ___ Ev - 'ry time ___ you turn ___ a-round. ___

LIFE AFTER YOU

Words and Music by CHRIS DAUGHTRY,
BRETT JAMES, CHAD KROEGER
and JOEY MOI

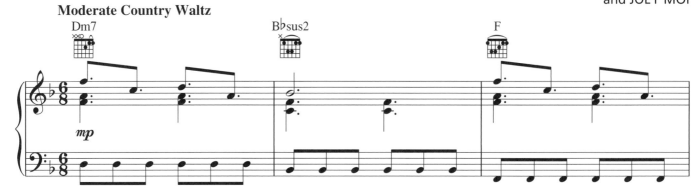

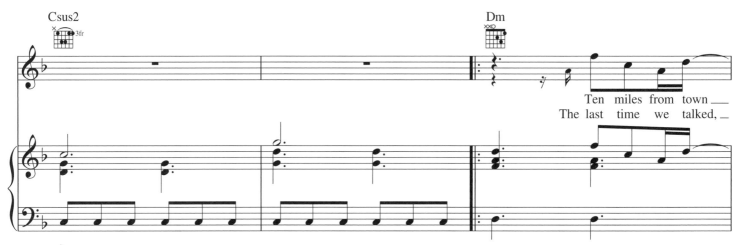

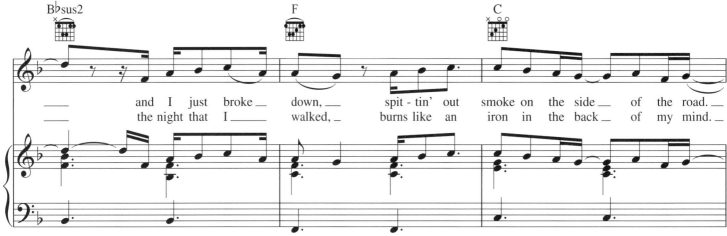

wrong, but you al - read - y know. ___ Be - lieve me, I won't ___ stop at noth - in' ___

and just wast - in' ___ my time. _____ Oh, why did I _____ ev - er doubt ___ you? ___

to see you. So I've ___ start - ed run - nin'. ___ All that I'm af - ter ___ is a

You know I would die ___ here with - out you. ___

life full of laugh - ter ___ as long as I'm laugh - in' with you. _____ And I'm think - in' that

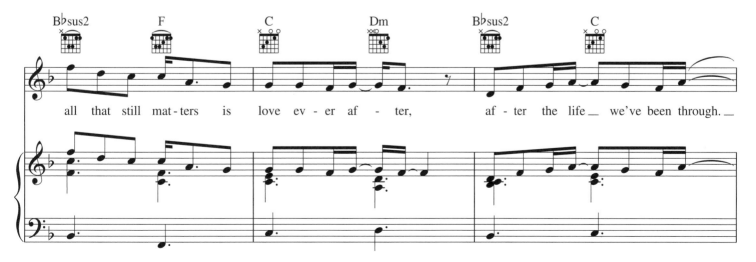

all that still mat - ters is love ev - er af - ter, af - ter the life ___ we've been through. ___

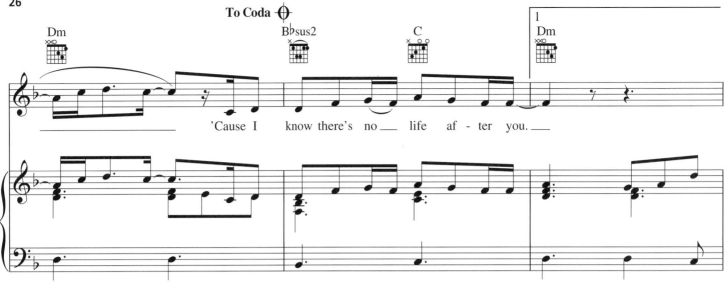

'Cause I know there's no __ life af - ter you. __

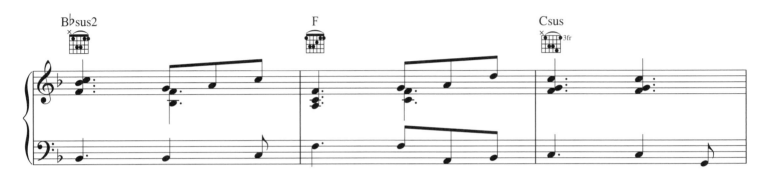

You and I, right or wrong, __ there's no __ oth - er one.

Af - ter this time __ spent a - lone, __ it's hard to be - lieve that a man with sight could be so blind. __

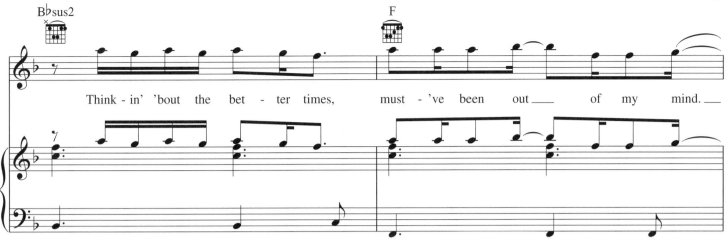

Think-in' 'bout the bet - ter times, must - 've been out ___ of my mind. ___

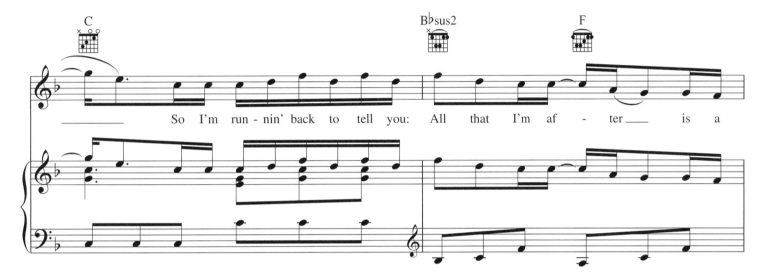

___ So I'm run - nin' back to tell you: All that I'm af - ter ___ is a

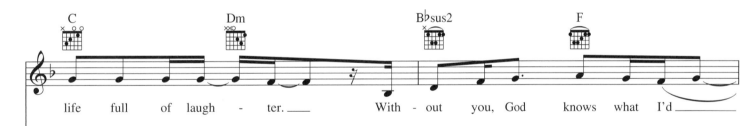

life full of laugh - ter. ___ With - out you, God knows what I'd ___

D.S. al Coda

CODA

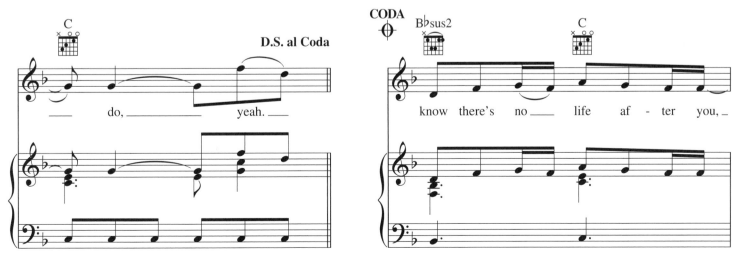

___ do, ___ yeah. ___

know there's no ___ life af - ter you, ___

Know there's no life af - ter you, ___ know there's no life af - ter you, ___
___ know there's no ___ life af - ter you, _____

know there's no ___ life af - ter you, ___ know there's no ___ life af - ter you, ___
know there's no ___ life af - ter you, _____

know there's no life af - ter you, ___ yeah. _____

WHAT I MEANT TO SAY

Words and Music by CHRIS DAUGHTRY
and BRIAN HOWES

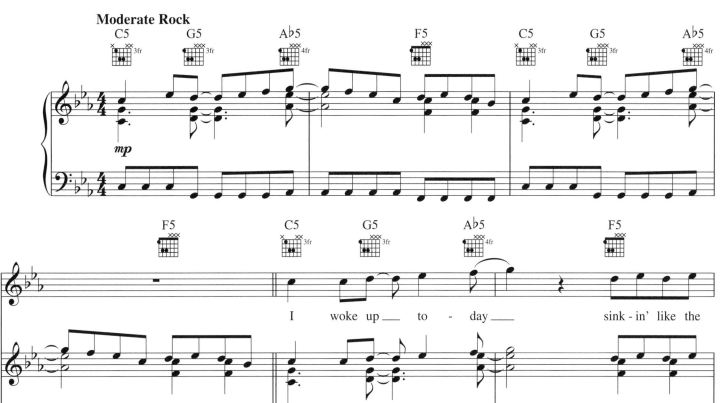

I woke up __ to - day __ sink - in' like the stones __ that you __ have thrown. __ Wound - ed by the same old shots __ you take. __

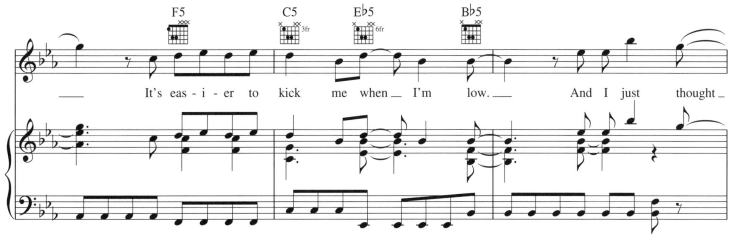

__ It's eas - i - er to kick me when __ I'm low. __ And I just thought __

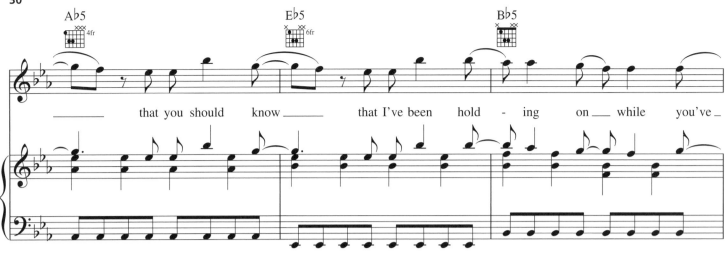

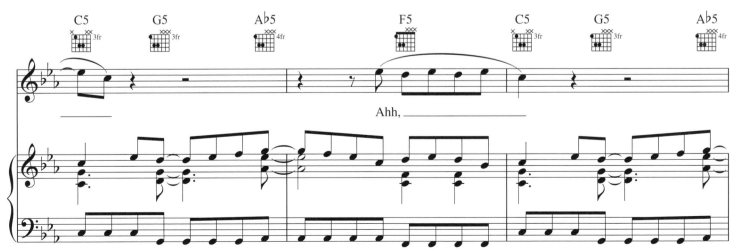

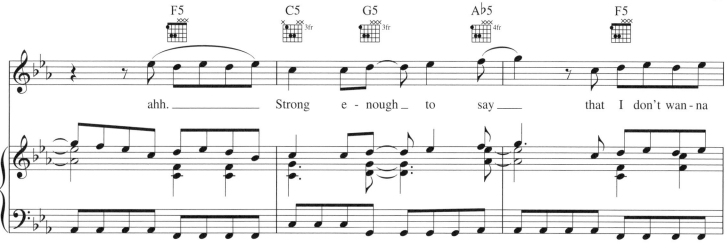

ahh. _____ Strong e - nough _ to say _____ that I don't wan - na

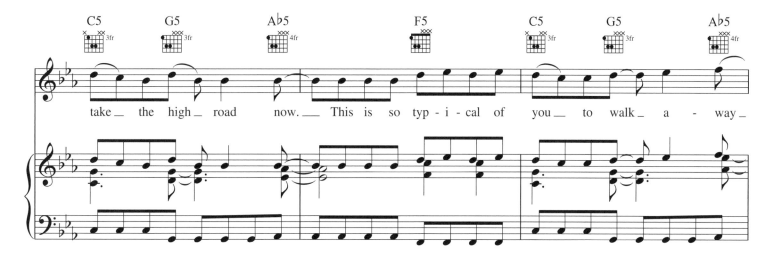

take _ the high _ road now. ___ This is so typ - i - cal of you _ to walk a - way _

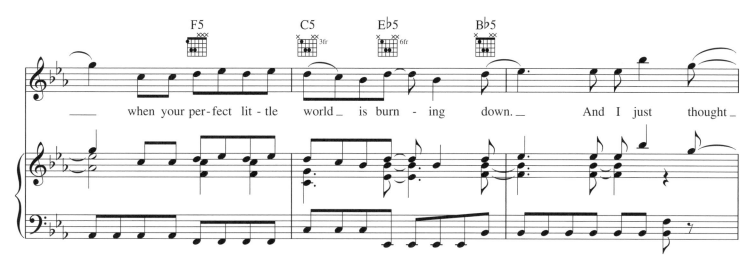

_____ when your per - fect lit - tle world _ is burn - ing down. __ And I just thought _

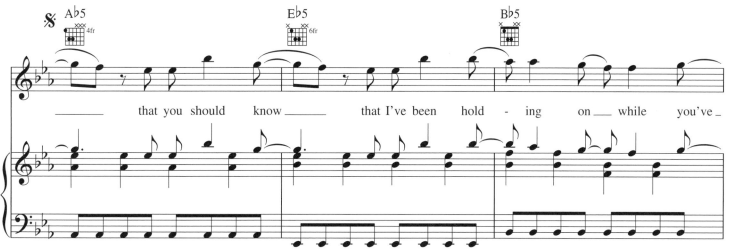

_____ that you should know _____ that I've been hold - ing on ___ while you've _

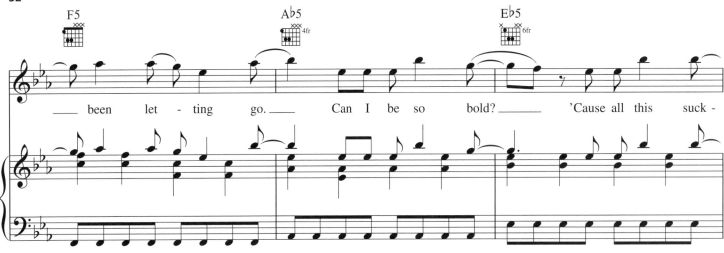

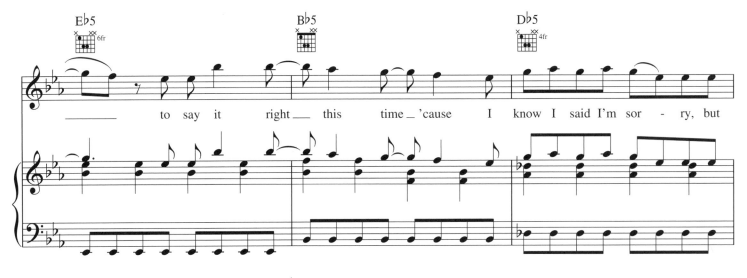

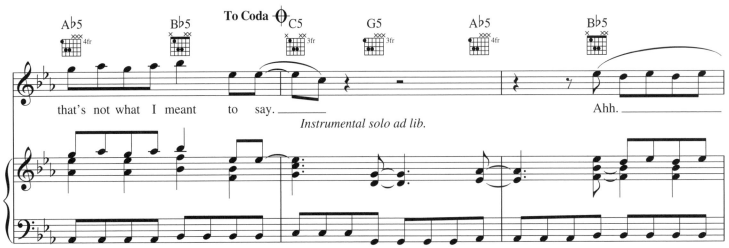

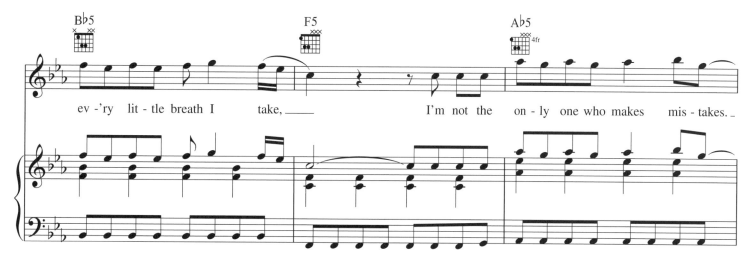

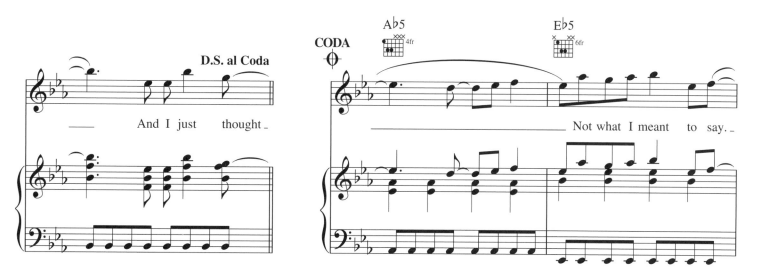

Can I be so bold?

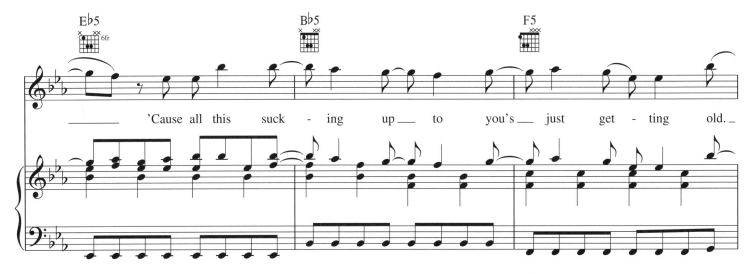

'Cause all this suck - ing up to you's just get - ting old.

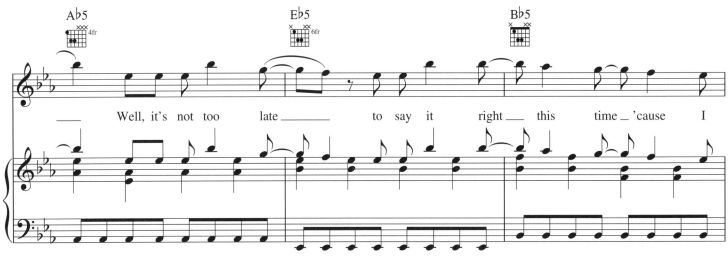

Well, it's not too late to say it right this time 'cause I

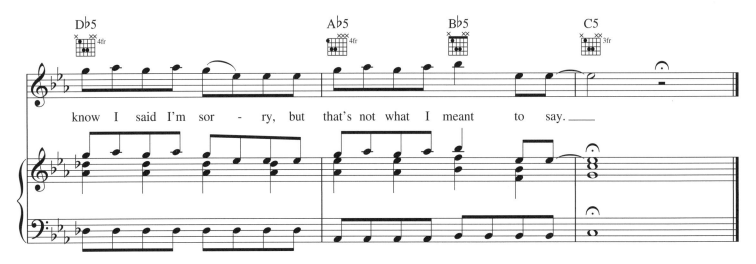

know I said I'm sor - ry, but that's not what I meant to say.

OPEN UP YOUR EYES

Words and Music by CHRIS DAUGHTRY,
DAVID HODGES and BEN MOODY

It seems it's on-ly been a mo-ment

since the an-gels took __ him from her arms. __ She was left __ there hold-

-ing on __ to their __ to-mor-row. But as they laid __ him in the ground,

her heart would sing _____ with-out a sound.

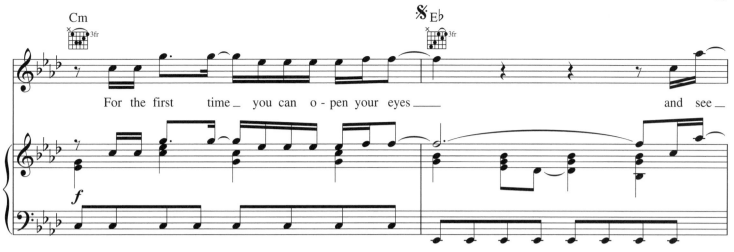

For the first time_ you can o-pen your eyes ____ and see _

____ the world _ with-out _ your sor - row, where no one knows _ the pain _ you left _ be - hind. _

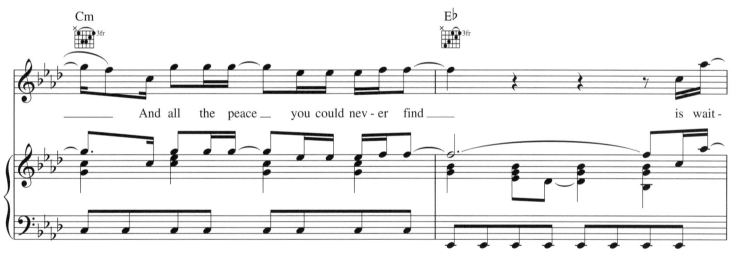

_____ And all the peace _ you could nev - er find _____ is wait-

- ing there _ to hold _ and keep _ you. Wel-come to ____ the first _ day of ___ your life, _

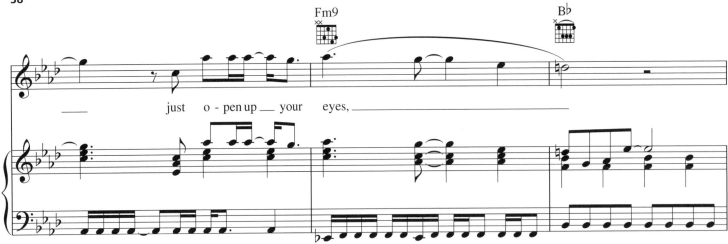

just o-pen up your eyes,

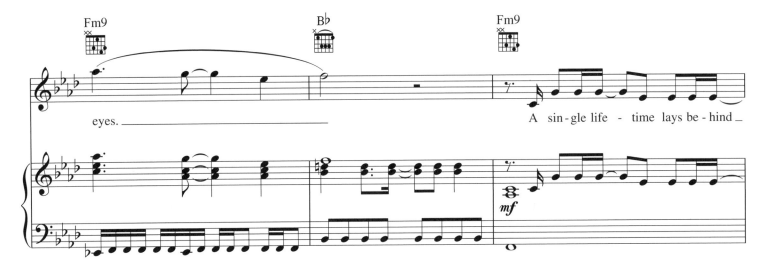

eyes. _____ A sin-gle life - time lays be-hind _____

_____ her as _____ she draws _____ her fi - nal breath. _____

And just be-yond _____ the door _____ he'll find _____ her. Tak - ing her hand, _____

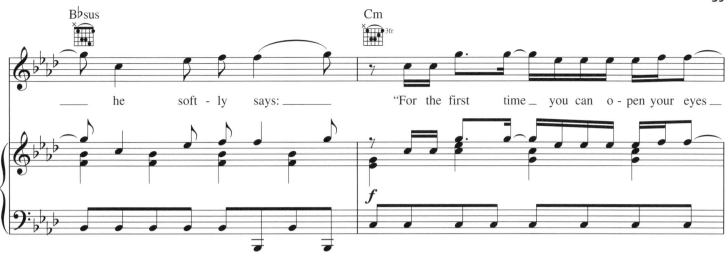

he soft - ly says: ___ "For the first time ___ you can o - pen your eyes ___

and see ___ the world ___ with - out ___ your sor - row, where

no one knows ___ the pain ___ you left ___ be - hind. ___ And all the peace ___ you could nev - er find ___

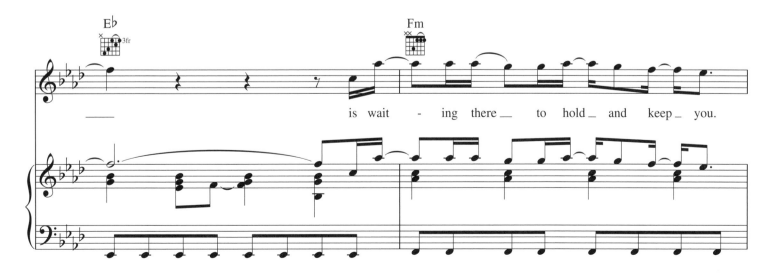

is wait - ing there ___ to hold ___ and keep ___ you.

Wel-come to ___ the first ___ day of ___ your life. ___ Just o-pen up ___ your

eyes as ___ I lay ___ you down ___ to-night. ___ Safe ___

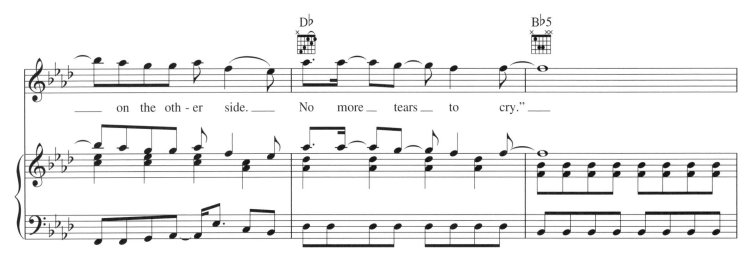

___ on the oth-er side. ___ No more ___ tears ___ to cry." ___

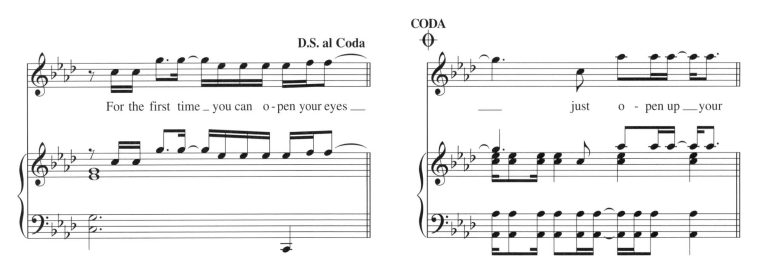

D.S. al Coda

For the first time _ you can o-pen your eyes ___

CODA

___ just o-pen up ___ your

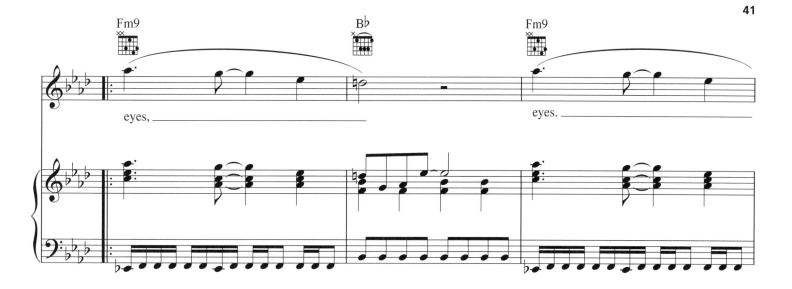

eyes, _____ eyes. _____

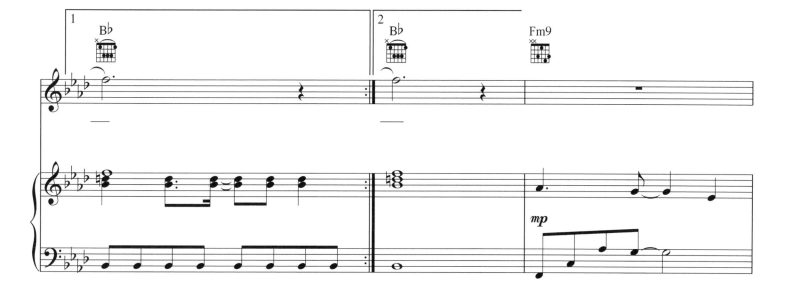

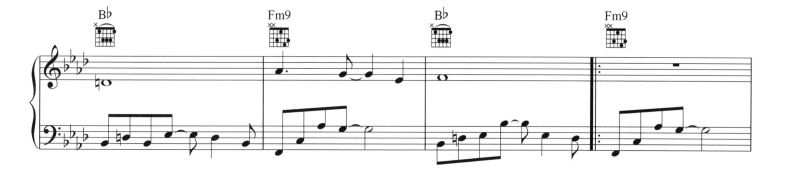

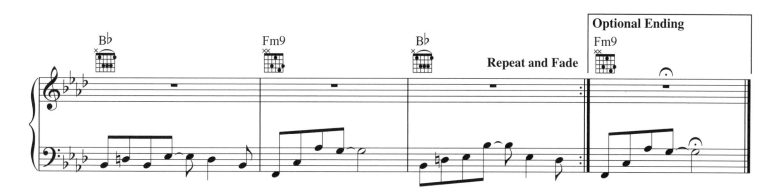

Optional Ending

Repeat and Fade

SEPTEMBER

Words and Music by CHRIS DAUGHTRY
and JOSH STEELY

Moderate Country Rock

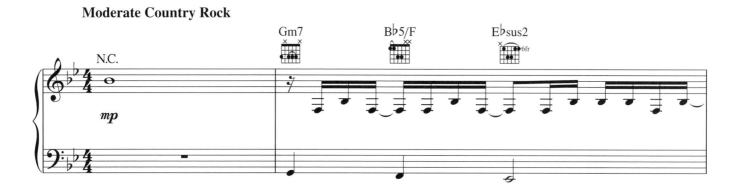

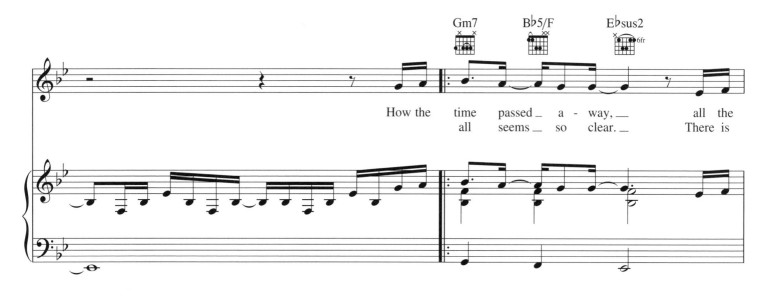

How the time passed a - way, __ all the
all seems __ so clear. __ There is

trou - ble that __ we gave __ and all those days __ we spent __ out by __ the lake. __
noth - ing left __ to fear. __ So we made our way __ by find - ing what __ was real. __

Has it all gone __ to waste, __ all the
Now the days are __ so long __ that __

prom - is - es __ we made? __ One by one __ they van - ish just __ the same. __
sum - mer's mov - in' on. ____ Reach for some - thin' that's __ al - read - y gone. __

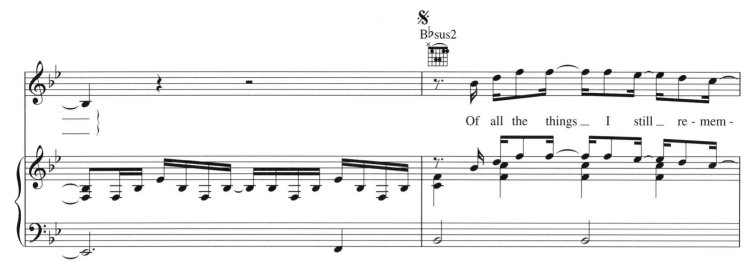

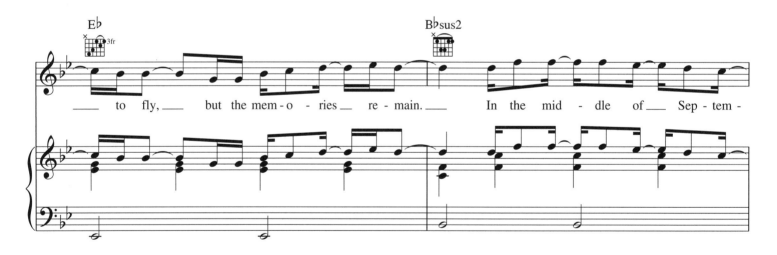

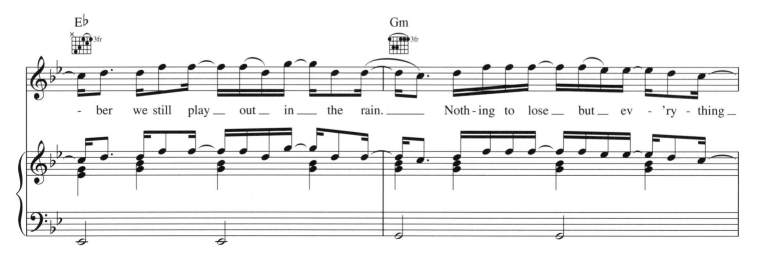

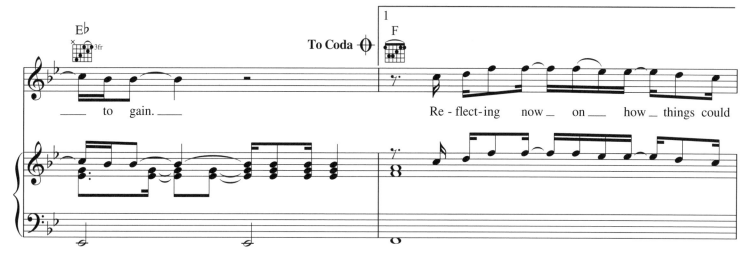

to gain. Re-flect-ing now on how things could

have been, it was worth it in the end.

Now it Re-flect-ing now on how things could

have been, it was worth it in the end.

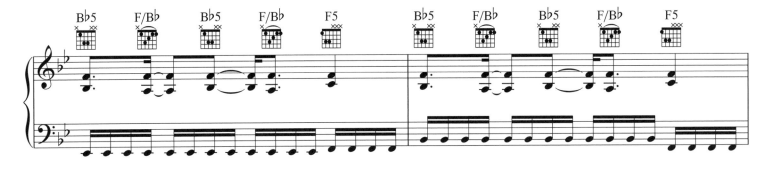

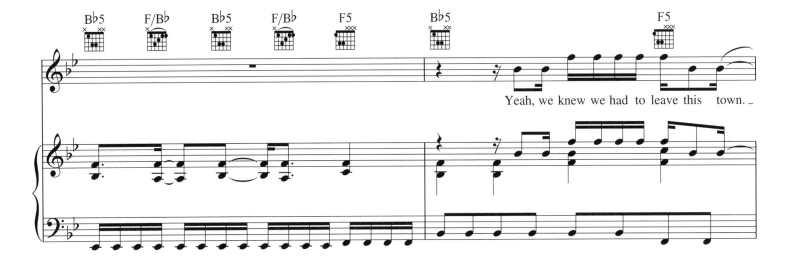

Yeah, we knew we had to leave this town. _

_ But we nev-er knew when _ and we nev-er knew _ how _ we would

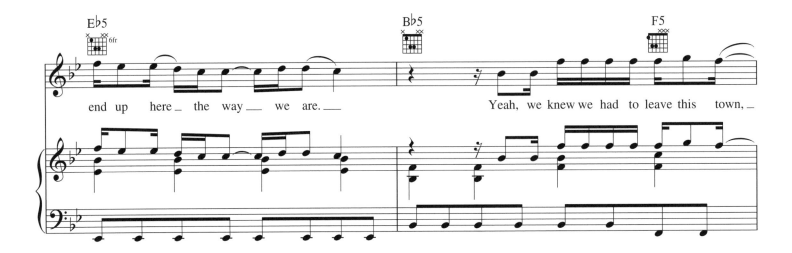

end up here _ the way _ we are. _ Yeah, we knew we had to leave this town, _

but we nev-er knew when __ and we nev-er knew __ how, __

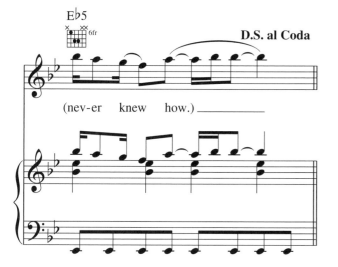

D.S. al Coda

(nev-er knew how.) __

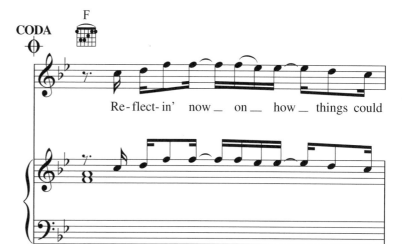

CODA

Re-flect-in' now __ on __ how __ things could

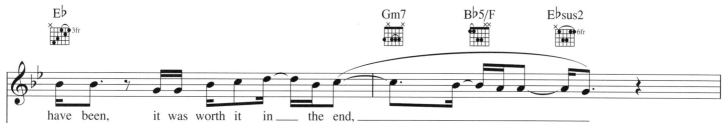

have been, it was worth it in __ the end, __

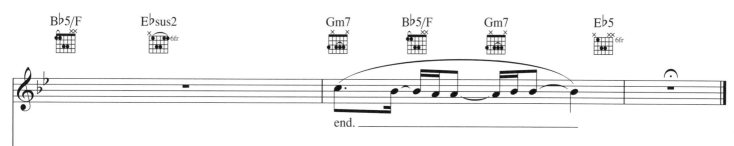

end. __

GHOST OF ME

Words and Music by CHRIS DAUGHTRY
and BRIAN HOWES

Moderate Rock

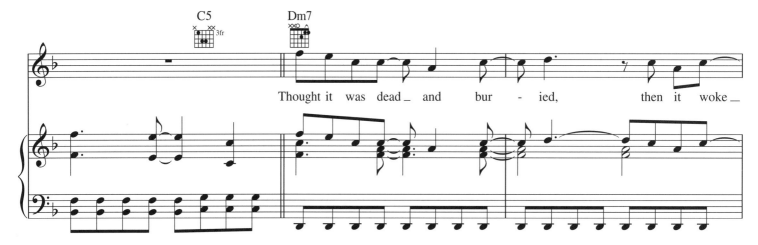

Thought it was dead __ and bur - ied, then it woke __

__ you up __ last night. _____ You sound - ed so __ damn wor -

- ried. You been toss - in', turn - in', both __ ends burn - in'. I __

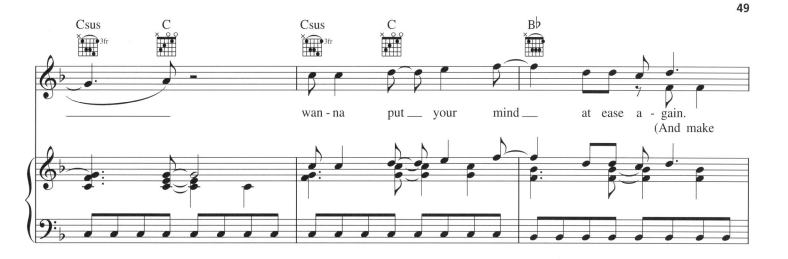

wan-na put your mind at ease a-gain.
(And make

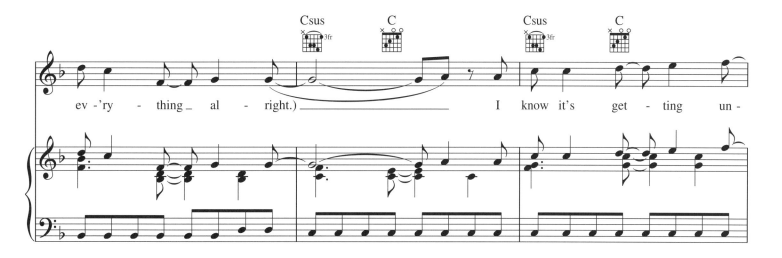

ev-'ry - thing al - right.) I know it's get-ting un-

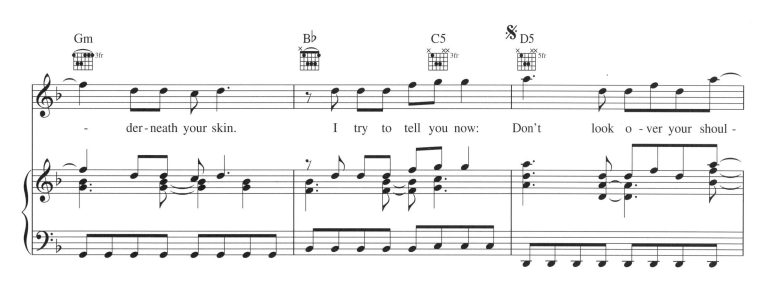

- der-neath your skin. I try to tell you now: Don't look o-ver your shoul-

- der 'cause that's just the ghost of me you're see - ing in your dreams.

Wait, there's no rhyme or rea - son. Some - times there's no mean - ing in ___ the vi -

- sions when ___ you're sleep - ing. ___ Don't wake up and ___ be - lieve ___

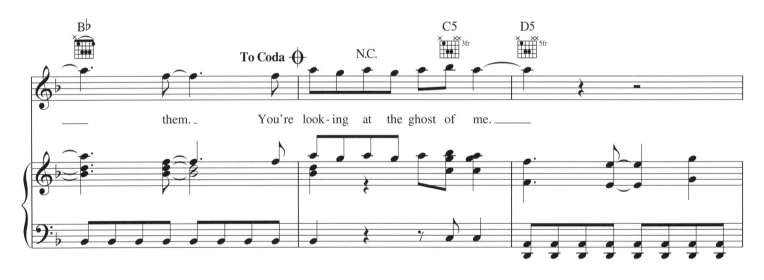

___ them. ___ You're look - ing at the ghost of me. _____

You're look - ing at the ghost of me. Your i - mag - i - na -

-tion and e-mo-tions run-ning wild. _____ Fuel-ing my _____ frus-tra-

-tion like a fire _____ burn-ing, clock _____ keeps turn-ing now. _____ I

know it's get-ting un-der-neath your skin. I try to tell you now:

D.S. al Coda

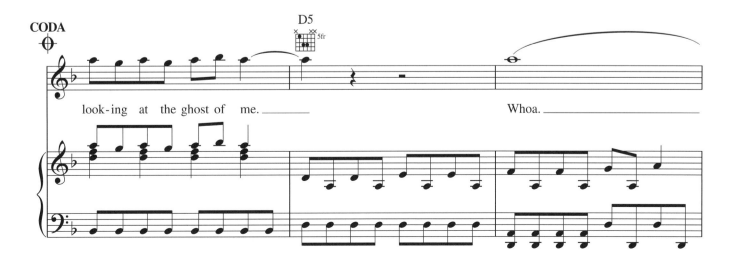

CODA

look-ing at the ghost of me. _____ Whoa. _____

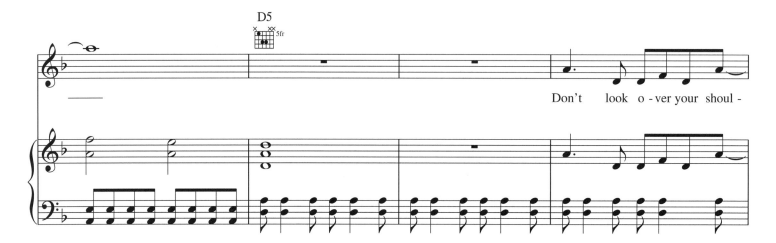

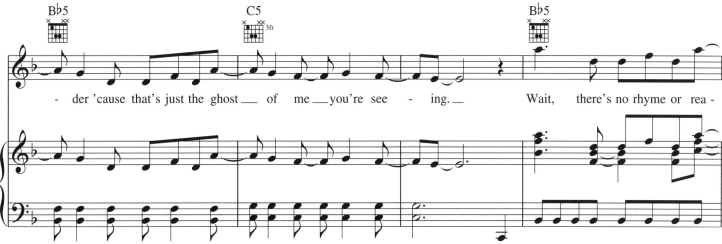

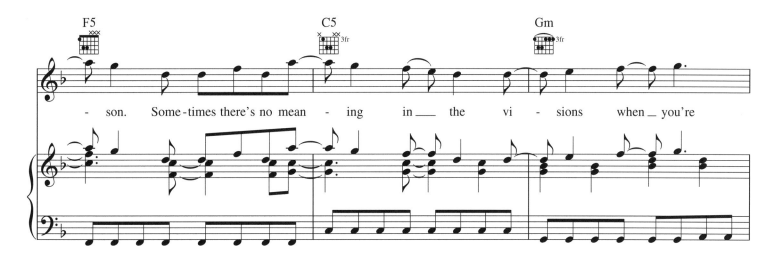

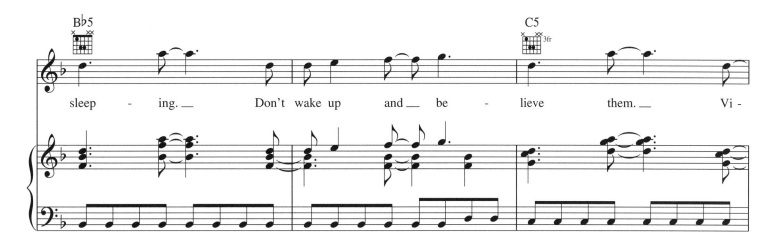

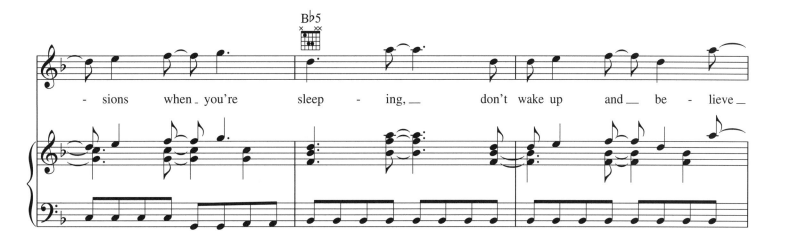

them. You're look-ing at the ghost of me. (Ahh,

ahh, ahh.) Yeah, you're look-ing at the ghost of me.

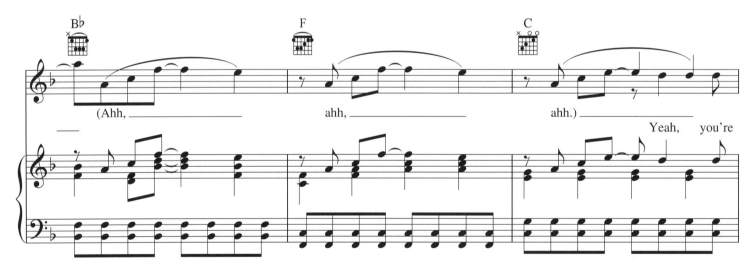

(Ahh, ahh, ahh.) Yeah, you're

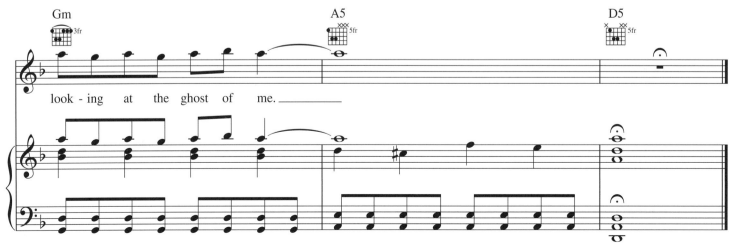

look-ing at the ghost of me.

LEARN MY LESSON

Words and Music by CHRIS DAUGHTRY,
MITCH ALLAN and CHRIS TOMPKINS

* Recorded a half step lower.

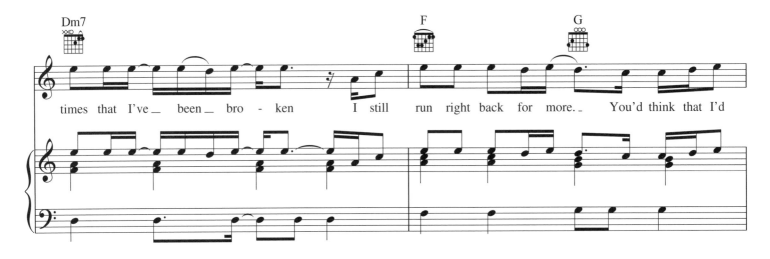

strike the match, __ you're bound __ to feel __ the flame. _____ You'd think that I'd

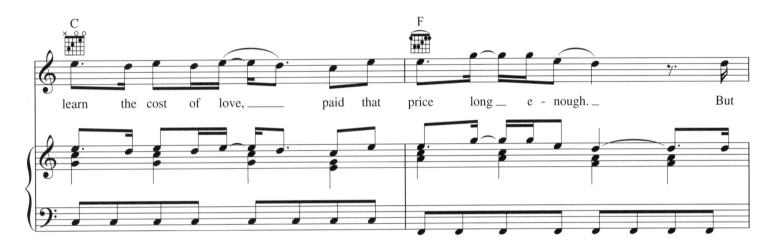

learn the cost of love, _____ paid that price long __ e - nough. __ But

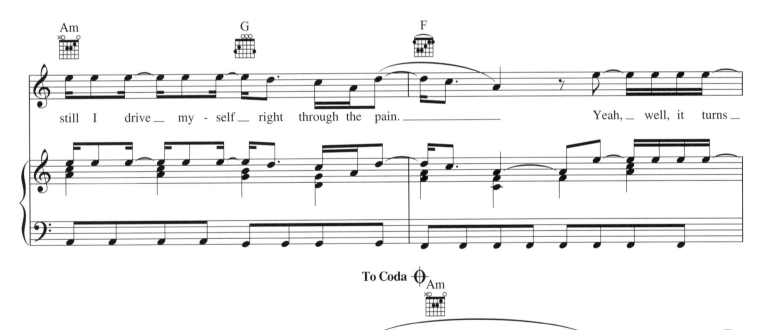

still I drive __ my - self __ right through the pain. _____ Yeah, __ well, it turns __

To Coda

__ out { I have - n't learned __ a thing, _____ whoa, __ yeah. __
{ I have - n't learned __ a thing. __

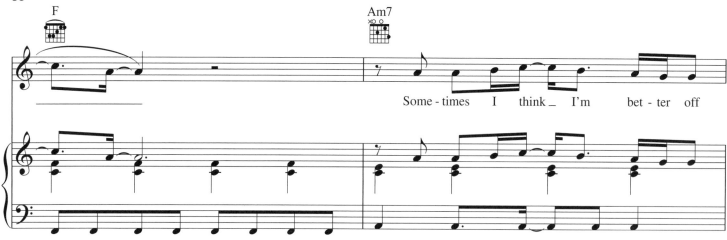

Some - times I think __ I'm bet - ter off

to turn out __ the lights __ and close up shop; ___ and give __

__ up the long - ing, ___ be - liev - ing in be - long - ing;

just hold down __ my head __ and __ take __ the loss.

D.S. al Coda

You'd think that I'd

Instrumental solo ad lib.

You'd think that I'd learn my les-son by now.__ You'd think that I'd

some - how fig - ure out _____ that if you strike that match, you're bound __ to feel __ the flame. __

_____ You'd think that I'd learn __ the cost of love, _____ paid that

F   Am   G

price long_ e - nough._   But still I drive_ my - self_ right through the pain._

F

_   Yeah,_ well, it turns_ out   I have - n't learned_ a thing._
                                                         (You'd think that I'd

C   F

learn my les - son by now._ You'd think that I'd   some-how fig - ure out.)   I have - n't learned_ a thing._

C   F

Have - n't learned,_ have - n't learned,_ I have - n't learned_ a thing._

SUPERNATURAL

Words and Music by CHRIS DAUGHTRY,
DAVID HODGES and JOSH PAUL

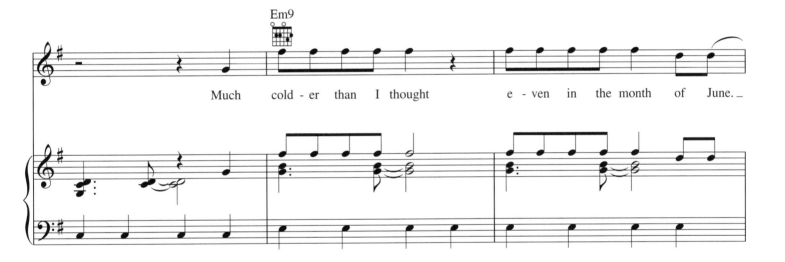

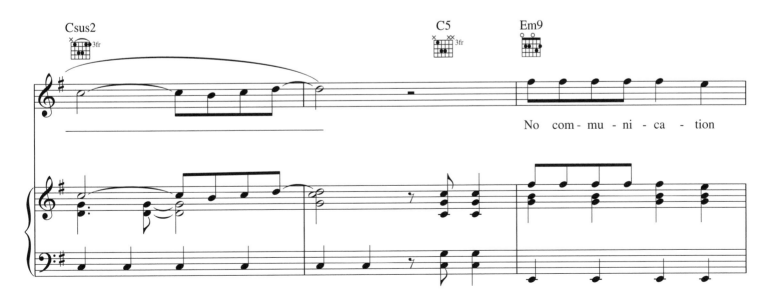

more than I can take, and I'm los - ing hold ____ of ev - 'ry - thing. And no

mat - ter how I try, you know I can't de - ny 'cause you feel so su - per - nat -

u - ral. ____

Ev - 'ry step I've tak - en has led me in - to where __ you are. ____

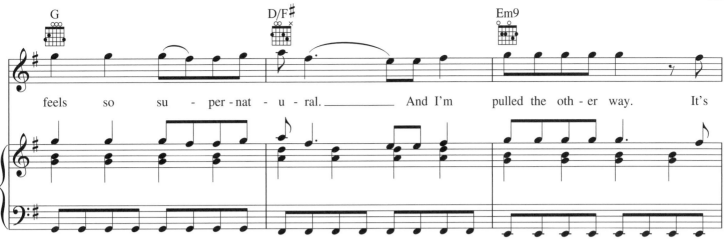

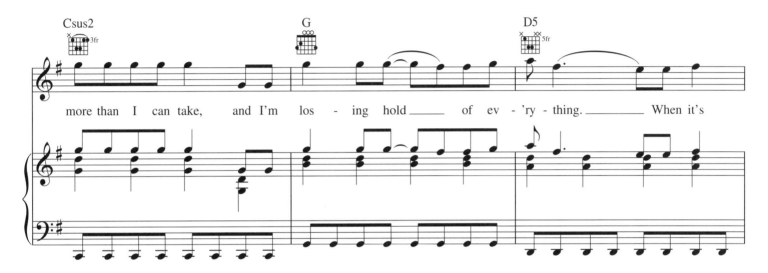

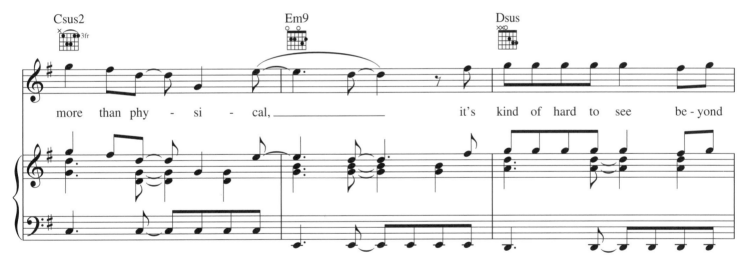

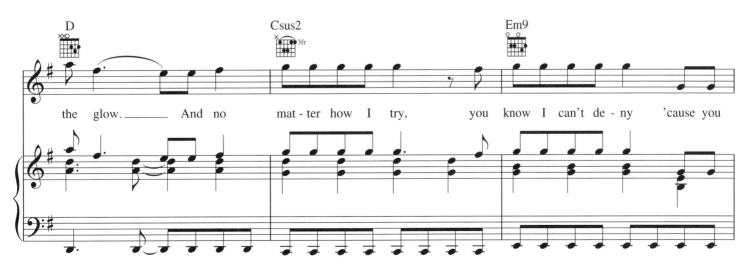

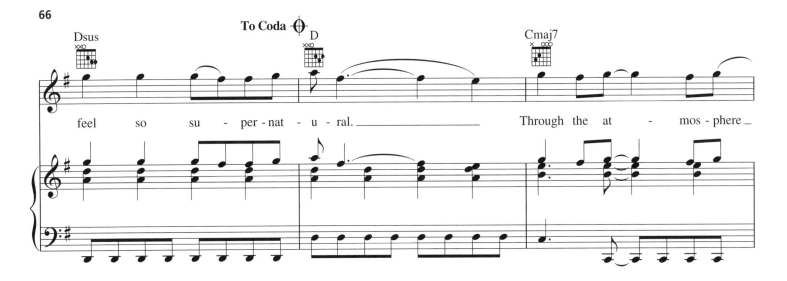

feel so su - per - nat - u - ral. _____ Through the at - mos - phere _____

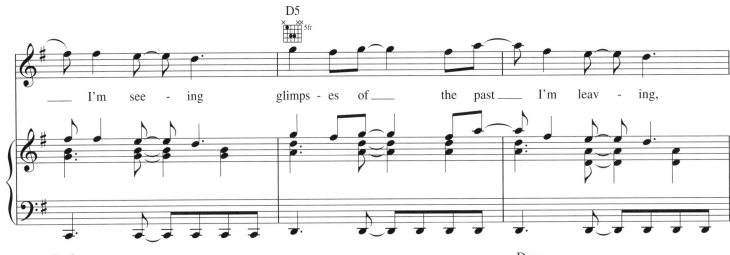

_____ I'm see - ing glimps - es of ___ the past ___ I'm leav - ing,

hold - ing on ___ for life ___ as we ___ col - lide. _____

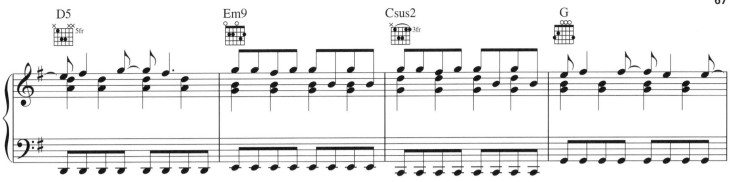

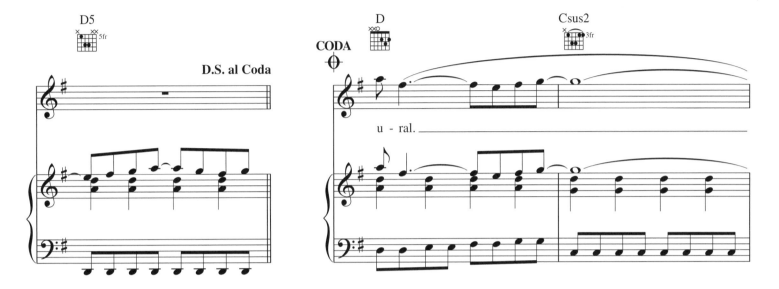

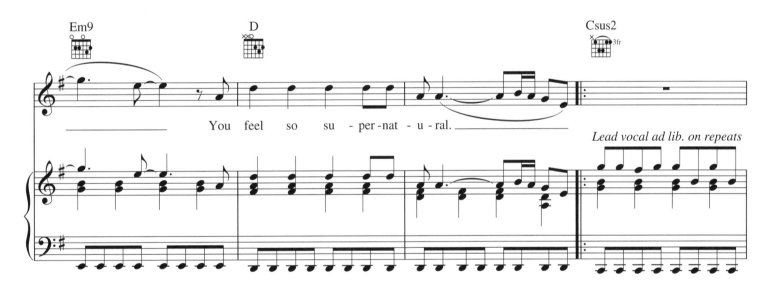

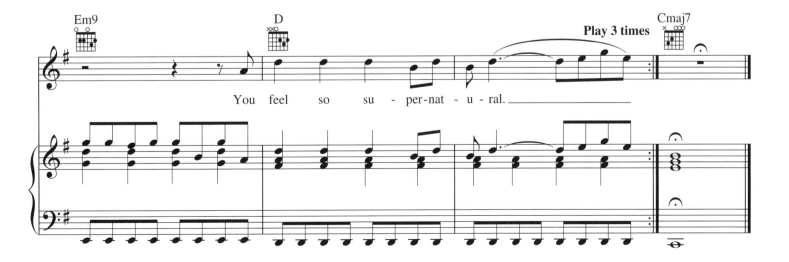

TENNESSEE LINE

Words and Music by CHRIS DAUGHTRY
and BRIAN CRADDOCK

Moderate Country Waltz

I o-pen my lungs __

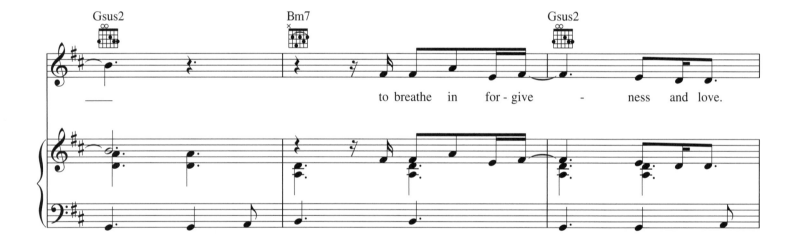

__ to breathe in for-give - ness and love.

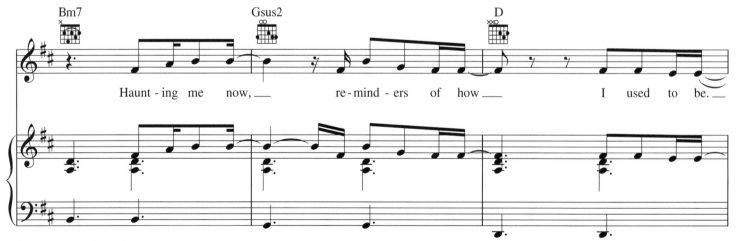

Haunt-ing me now, __ re-mind-ers of how __ I used to be. __

Recorded a half step lower.

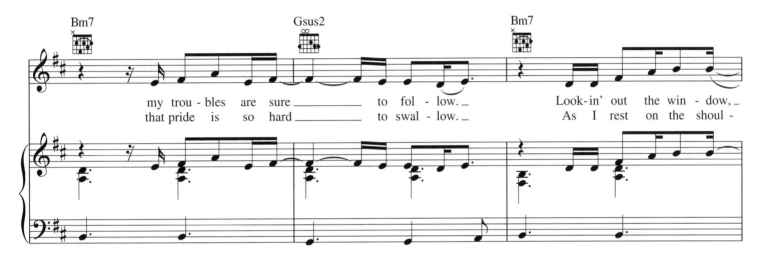

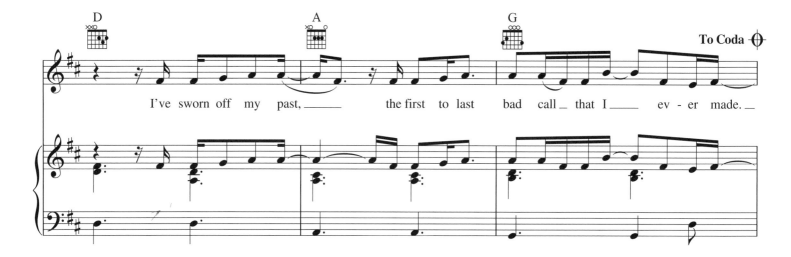

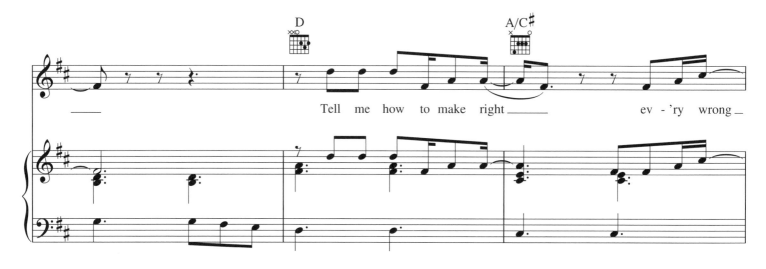

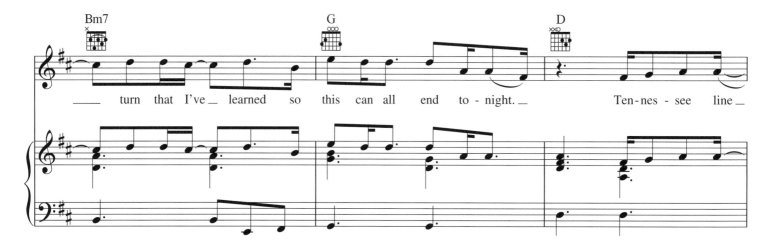

just changed my ___ mind. Well, it's my heart I'll fol - low ___

___ this time. ___ this time. I know I

must be do - in' some - thing right. Head the oth - er way back to where I start - ed out. ___

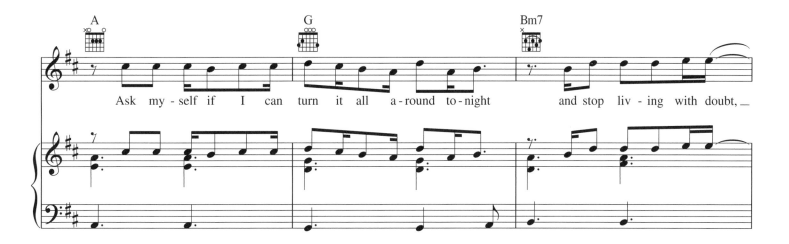

Ask my - self if I can turn it all a - round to - night and stop liv - ing with doubt, ___

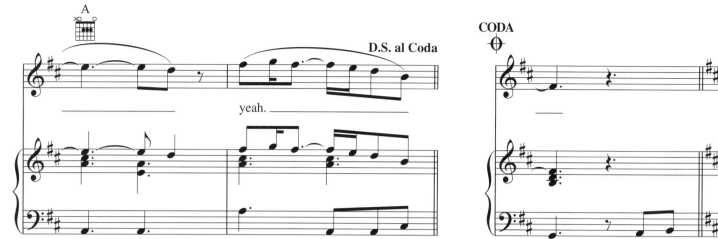

yeah.

D.S. al Coda

CODA

Tell me how to make right _____ ev-'ry wrong _ turn that I've _ learned so

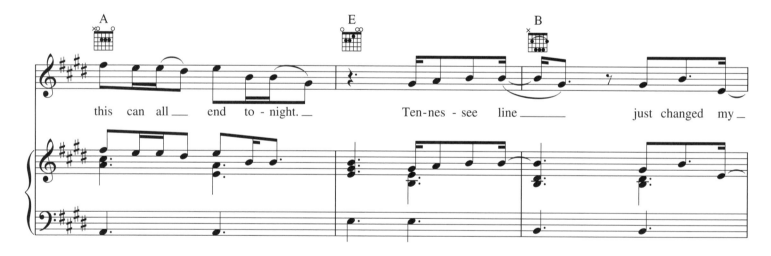

this can all _ end to-night. _ Ten-nes-see line _____ just changed my _

_____ mind. Well, it's my heart I'll fol-low _____ this time. I've sworn off my past, _

CALL YOUR NAME

Words and Music by CHRIS DAUGHTRY
and JOEY BARNES

You nev-er said, you nev-er said, you nev-er said that it would be this hard. _

Love is meant to be for-ev-er, now or nev-er seems to dis-card. _

There's got-ta be a bet-ter way for me to say _ what's on my heart _ with-out leav-in' scars. _ So _

* Recorded a half step lower.

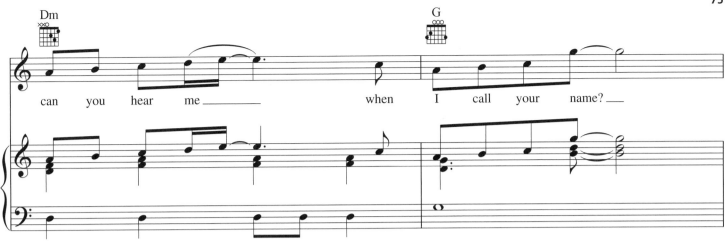

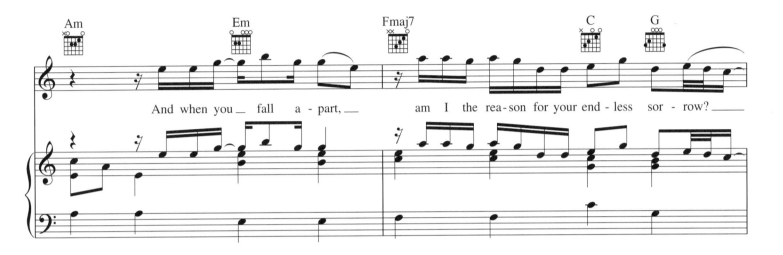

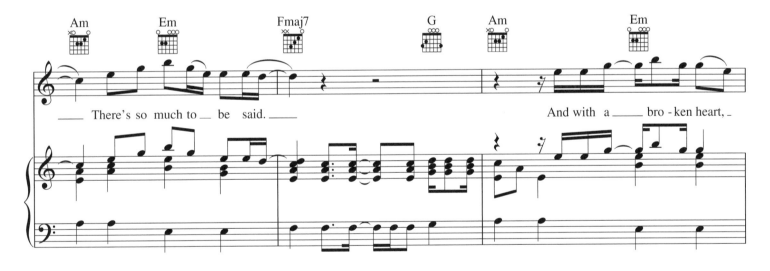

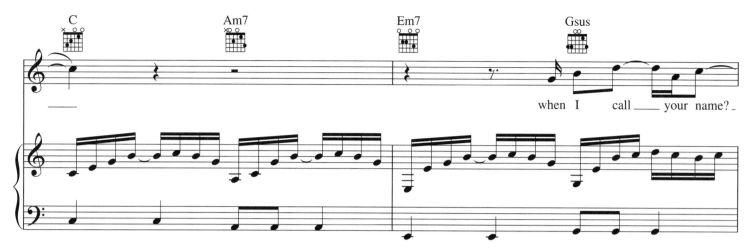

when I call _____ your name? _

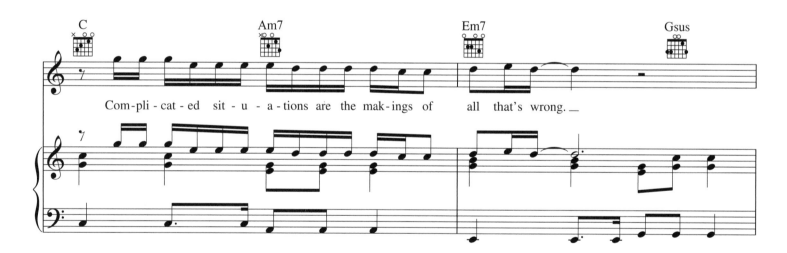

Com-pli-cat-ed sit-u-a-tions are the mak-ings of all that's wrong. _

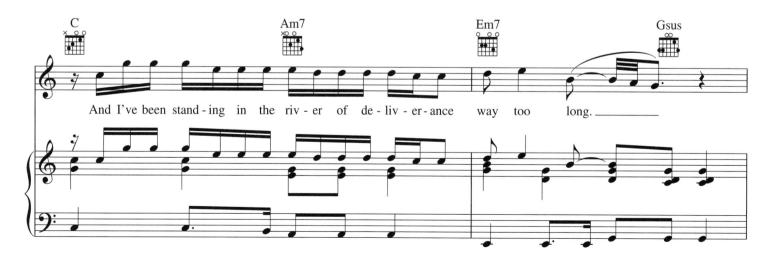

And I've been stand-ing in the riv-er of de-liv-er-ance way too long. _____

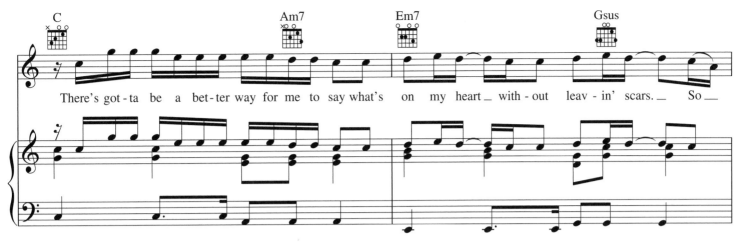

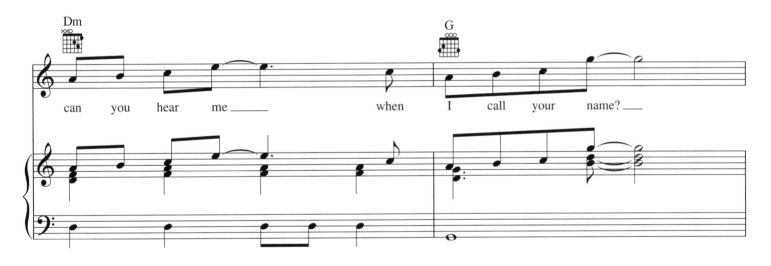

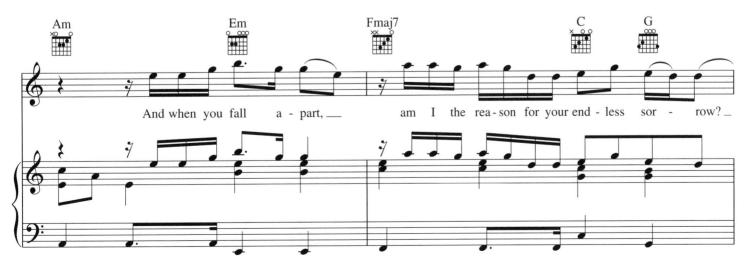

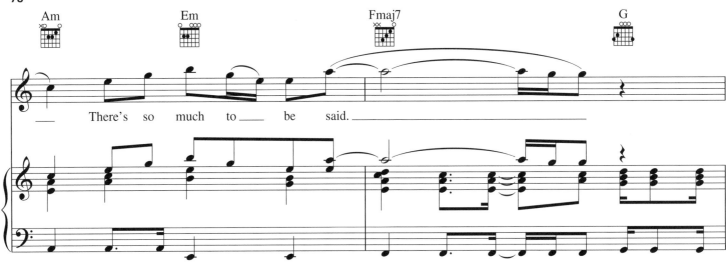

There's so much to __ be said. ____

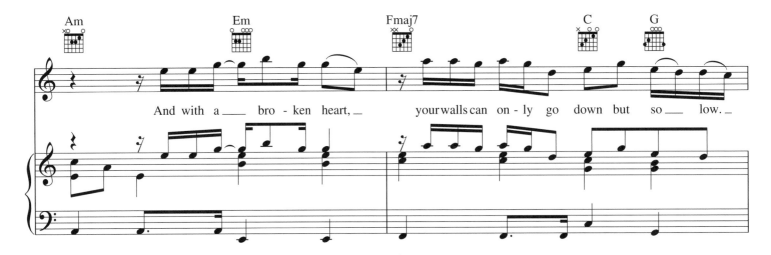

And with a __ bro - ken heart, __ your walls can on - ly go down but so __ low. __

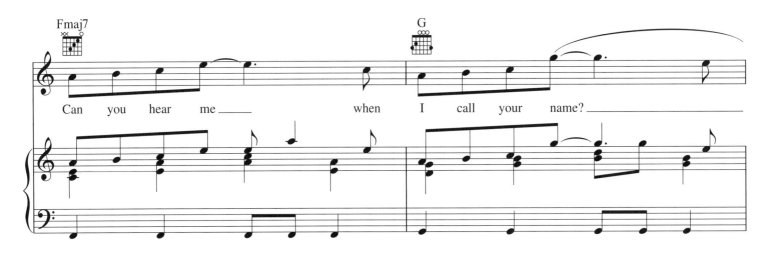

Can you hear me ____ when I call your name? ____

__ You nev - er said, you nev - er said, you nev - er said, you nev - er said. __ (When I call your name.) __

You nev-er said, you nev-er said, you nev-er said, you nev - er said. _____ (When I call your name.)

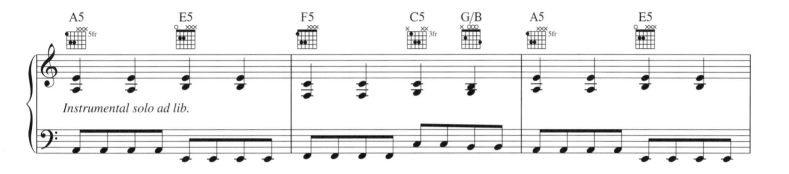

Instrumental solo ad lib.

Yeah. _____ And when you fall a - part, ___

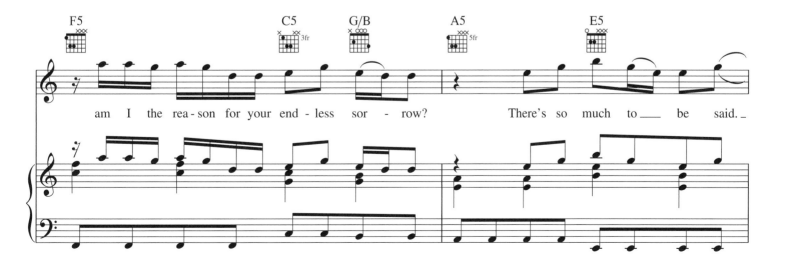

am I the rea-son for your end-less sor - row? There's so much to ___ be said. _